IMPRESSUM

EIN WELPE ZIEHT EIN von Mario Raczek

Das Werk ist urheberrechtlich geschützt. Jede Verwertung bedarf der ausschließlichen Zustimmung des Autors. Dies gilt insbesondere für die Vervielfältigung, Verwertung, Übersetzung und die Einspeicherung und Verarbeitung in elektronischen Systemen.

Bibliografische Information der Deutschen Nationalbibliothek. Die Deutsche Nationalbibliothek verzeichnet diese Publikation in der Deutschen Nationalbibliografie; detaillierte bibliografische Daten sind im Internet über https://dnb.dnb.de abrufbar.

Für Fragen, Anregungen und Kontakt,

Mario Raczek
Rubensstrasse 8
66663 Merzig

Email: marioraczek@gmail.com

Erste Auflage 2023

Covergestaltung; Mario Raczek | Canva

ISBN: 9798862561746
Imprint: Independently published

Inhaltsverzeichnis

Mein Welpe

Name:

Rasse:

Gewicht:

Fellfarbe:

Foto von deinem Welpen

Weitere Tiere in der Wohnung?

◯	◯	◯	◯	◯
Hund(e)	Katze(n)	Kaninchen	Hamster	....

Tierarzt

Name: ....

Adresse: ....

....

Tel.: ....

Chipnummer

....

Vorwort

Liebe Leserinnen und Leser,

herzlichen Glückwunsch zum neuen Familienmitglied - Ihrem Welpen!
Diese Entscheidung füllt Ihr Leben mit Freude, Aufregung und einer Prise
Unsicherheit. Doch keine Sorge, dieser Ratgeber,
"Ein Welpe zieht ein", ist an Ihrer Seite.

Ein Welpe ist süß und liebenswert, aber auch eine Verantwortung. Die
ersten Wochen und Monate sind entscheidend für seine Entwicklung. In
diesem Buch finden Sie Ratschläge, Tipps und Informationen, um den
besten Start für Ihren Welpen zu ermöglichen - von Auswahl über
Erziehung bis hin zur Pflege.

Bitte bedenken Sie, dass dieser Ratgeber keine individuelle Beratung
ersetzen kann. Jeder Welpe ist einzigartig. Dennoch hoffen wir, dass die
Informationen Ihnen helfen, die Grundlagen zu verstehen und sich auf die
Bedürfnisse Ihres Welpen einzustellen.

Das Leben mit einem Welpen erfordert Geduld, Liebe und Engagement.
Wir sind sicher, Sie werden die Herausforderungen meistern und die
wunderbaren Momente genießen.

Ich wünschen Ihnen und Ihrem Welpen alles Gute auf Ihrem gemeinsamen
Weg.

Ihr Autor

Über den Autor

Ich heiße Mario und bin der Autor dieses Ratgebers. Mit 50 Jahren Lebenserfahrung und einer tiefen Leidenschaft für Hunde bin ich Hundetrainer und Tierpsychologe.

In meiner Hundeschule liegt mein besonderer Fokus auf der Ausbildung von Welpen und Junghunden sowie deren Sozialisierung. Jeder Hund ist ein individuelles Wesen, und ich lege großen Wert darauf, meine Herangehensweise an die einzigartigen Bedürfnisse jedes Hundes angepasst ist.

Als Hundebesitzer und Hundetrainer habe ich die Höhen und Tiefen des Hundelebens aus erster Hand erlebt. Meine eigenen Erfahrungen haben meine Perspektive auf das Training und die Erziehung von Hunden maßgeblich geprägt.

Besonders wichtig ist mir die Anwendung zeitgemäßer Hundetrainingstechniken, die auf positiver Verstärkung basieren. Ich glaube fest daran, dass Hunde am besten durch Liebe, Geduld und Belohnung lernen. Daher ist mein Ansatz im Hundetraining darauf ausgerichtet, eine respektvolle und einfühlsame Beziehung zwischen Mensch und Hund aufzubauen.

Mit meinen Qualifikationen und ständigen Weiterbildungen setze ich mich für die kontinuierliche Verbesserung im Bereich Hundetraining und Verhaltensberatung ein. Mein Ziel ist es, Ihnen mit diesem Ratgeber dabei zu helfen, einen großartigen Start in das Leben mit Ihrem Welpen zu haben.

1. Einleitung

WARUM EIN WELPE?
Von Vorfreude und Realität.

Warum entscheiden wir uns für einen Welpen?
Diese Frage birgt in sich eine schier endlose Palette an Antworten, von der Vorfreude bis zur Realität.

Die Vorfreude ist unvergleichlich. Schon bevor der Welpe bei uns einzieht, malen wir uns die herzerwärmenden Szenen aus: Das kuschelige Fellknäuel, das freudig auf uns zuläuft, die liebevollen Blicke, das fröhliche Schwanzwedeln. Wir stellen uns vor, wie unser Welpe der Mittelpunkt unseres Lebens wird, wie er uns begleitet, auf Abenteuerreisen mitnimmt und uns niemals einsam fühlen lässt.

Doch die Realität eines Welpen ist bunt und komplex. Sie umfasst schlaflose Nächte, die Herausforderung der Erziehung, kleine Missgeschicke im Haus und die Erkenntnis, dass ein Welpe Zeit, Geduld und Hingabe erfordert. Doch in all diesen Momenten der Herausforderung, des Lernens und der Entwicklung erfahren wir die wahre Magie eines Hundelebens.

Dieses Buch soll Ihnen dabei helfen, die Vorfreude auf Ihren Welpen zu bewahren und gleichzeitig die Realität zu meistern. Es soll Sie ermutigen, die einzigartigen Freuden und Herausforderungen des Welpenlebens zu erleben und zu schätzen. Denn ein Welpe bringt nicht nur Freude, sondern auch Wachstum und unzählige unvergessliche Augenblicke in Ihr Leben.

2. Vorbereitung auf den Welpen

Die Vorfreude auf den Einzug Ihres Welpen ist riesig, aber bevor der neue Familienzuwachs eintrifft, ist es entscheidend, Ihr Zuhause entsprechend vorzubereiten. Hier sind einige wichtige Schritte, die Sie unternehmen können, um sicherzustellen, dass Ihr neuer Welpe einen reibungslosen Start in sein neues Leben hat.

Sicherheit an erster Stelle:
Die Sicherheit Ihres Welpen sollte oberste Priorität haben. Überprüfen Sie Ihr Zuhause auf potenzielle Gefahrenquellen. Verstecken Sie Kabel, giftige Pflanzen und Chemikalien außer Reichweite. Stellen Sie sicher, dass Türen und Tore gut gesichert sind, um zu verhindern, dass der Welpe entwischt.

Ein gemütlicher Rückzugsort:
Jeder Welpe braucht seinen eigenen Rückzugsort. Richten Sie eine gemütliche Ecke mit einem bequemen Körbchen oder einer Decke ein. Dies gibt dem Welpen Sicherheit und ein Gefühl von Zugehörigkeit.

Spielzeug und Kausachen:
Besorgen Sie sich eine Auswahl an Spielzeug und Kausachen, um den Welpen zu beschäftigen und seine Kauinstinkte zu befriedigen. Dies hilft nicht nur bei der Zahnpflege, sondern auch dabei, Langeweile zu verhindern.

Futter- und Wassernäpfe:
Investieren Sie in hochwertige Futter- und Wassernäpfe. Stellen Sie sicher, dass Ihr Welpe immer Zugang zu frischem Wasser hat. Überlegen Sie, ob Sie Trockenfutter oder Nassfutter füttern möchten, und kaufen Sie entsprechend ein.

Die richtige Ernährung:
Sprechen Sie mit Ihrem Tierarzt über die richtige Ernährung für Ihren Welpen. Ein ausgewogenes Futter ist entscheidend für seine Gesundheit und sein Wohlbefinden.

Training und Erziehung:
Überlegen Sie, wo Sie Ihrem Welpen das richtige Verhalten beibringen möchten. Ein klar abgegrenzter Trainingsbereich kann dabei helfen, unerwünschtes Verhalten zu minimieren.

Tierarztbesuche planen:
Vereinbaren Sie einen Termin bei Ihrem Tierarzt, um Ihren Welpen durchchecken zu lassen und einen Impfplan aufzustellen.

Zeit für gemeinsame Aktivitäten:
Planen Sie Zeit in Ihrem Tagesablauf ein, um mit Ihrem Welpen zu spielen, zu kuscheln und ihn kennenzulernen. Eine enge Bindung von Anfang an ist der Schlüssel zu einer starken Mensch-Hund-Beziehung.

Mit diesen Vorbereitungen können Sie sicherstellen, dass Ihr Zuhause bereit ist, Ihren neuen Welpen willkommen zu heißen.

Das erste Treffen mit Ihrem zukünftigen Welpen beim Züchter ist ein aufregender Moment, der gut vorbereitet sein sollte. Hier sind einige wichtige Dinge, auf die Sie achten sollten:

Terminabsprache:
Vereinbaren Sie im Voraus einen Termin mit dem Züchter, um sicherzustellen, dass Sie ausreichend Zeit haben, den Welpen kennenzulernen und Fragen zu stellen.

Gesundheitszustand:
Fragen Sie nach dem Gesundheitszustand des Welpen und lassen Sie sich Impfungen und tierärztliche Untersuchungen bestätigen. Ein seriöser Züchter sollte Ihnen die Gesundheitsakten des Welpen vorlegen können.

Umgebung:
Nehmen Sie sich Zeit, um die Umgebung des Welpen beim Züchter zu inspizieren. Achten Sie darauf, dass sie sauber und gut gepflegt ist. Ein gesunder Welpe sollte in einer sauberen und sicheren Umgebung aufwachsen.

Sozialisation:
Fragen Sie den Züchter nach der Sozialisierung des Welpen. Ein guter Züchter wird sicherstellen, dass der Welpe in den ersten Lebenswochen verschiedene Menschen und Geräusche kennenlernt, um gut sozialisiert zu sein.

Elterntiere:
Versuchen Sie, die Elterntiere des Welpen zu treffen, um Informationen über ihr Verhalten und ihre Gesundheit zu erhalten. Dies kann Ihnen Hinweise auf das zukünftige Verhalten des Welpen geben.

Fragen Sie nach der Ernährung:
Erkundigen Sie sich nach der aktuellen Ernährung des Welpen und ob er bestimmte Vorlieben oder Unverträglichkeiten hat. Dies wird Ihnen bei der Auswahl des richtigen Futters für Ihren Welpen helfen.

Beobachten Sie den Welpen:
Nehmen Sie sich Zeit, den Welpen zu beobachten. Achten Sie auf sein Verhalten, seine Interaktionen mit seinen Geschwistern und seiner Mutter sowie seine Reaktion auf neue Reize.

Stellen Sie Fragen:
Scheuen Sie sich nicht, Fragen zum Welpen zu stellen. Fragen Sie nach seiner Persönlichkeit, seinem Temperament und seinen Bedürfnissen, um sicherzustellen, dass er gut zu Ihrem Lebensstil passt.

Vertrag und Papiere:
Besprechen Sie alle Details zum Kaufvertrag und den Papieren des Welpen. Ein seriöser Züchter wird klare Vereinbarungen treffen und alle erforderlichen Unterlagen bereitstellen.

Ihr Bauchgefühl:
Vertrauen Sie Ihrem Bauchgefühl. Wenn Sie Bedenken oder Zweifel haben, ist es wichtig, diese anzusprechen und zu klären, bevor Sie sich für den Welpen entscheiden.

Das erste Treffen beim Züchter sollte eine Gelegenheit sein, den Welpen und den Züchter kennenzulernen, um sicherzustellen, dass Sie die richtige Wahl treffen. Ein verantwortungsvoller Züchter wird bereit sein, alle Ihre Fragen zu beantworten und Ihnen bei diesem wichtigen Schritt in Ihrem Leben als Hundebesitzer zur Seite zu stehen.

Mögliche Frage:

1. Welche Gesundheitsinformationen gibt es zu den Elterntieren und dem Welpen?

2. Welche Impfungen hat der Welpe bereits erhalten und welche fehlen noch?

3. Wie wurde der Welpe sozialisiert?

4. Können wir die Elterntiere treffen und gibt es Informationen zu ihrem Verhalten und ihrer Gesundheit?

5. Welche Art von Futter wurde dem Welpen gegeben, und welche Empfehlungen gibt es für die Ernährung?

6. Hat der Welpe bereits eine tierärztliche Untersuchung gehabt?

7. Welche Empfehlungen gibt es für die zukünftige Pflege, Ernährung und Gesundheitsvorsorge des Welpen?

Eigene Fragen:

3. Die ersten Tage

Der erste Tag, an dem Sie Ihren neuen Welpen nach Hause bringen, ist ein ganz besonderer Moment. Ihr kleiner Freund wird von einem vertrauten Umfeld in eine völlig neue Welt gebracht. In dieser aufregenden, aber auch beängstigenden Zeit ist es entscheidend, behutsam vorzugehen.

Ihr Welpe wird zunächst überwältigt sein von all den neuen Eindrücken und der Trennung von seiner Mutter und seinen Geschwistern. Geben Sie ihm die Zeit und den Raum, den er braucht, um sich in seinem neuen Zuhause einzuleben. Hier sind einige wichtige Punkte zu beachten:

Ankunft:
Sind Sie gerade erst mit Ihrem Welpen nach Hause gekommen, ist es von entscheidender Bedeutung, ihm ausreichend Zeit zu geben, sein neues Zuhause ausgiebig zu erkunden und zu schnüffeln. Vermeiden Sie es, dass alle Familienmitglieder gleichzeitig auf ihn zustürzen. In den ersten Stunden ist Geduld und Ruhe gefragt, um den jungen Mitbewohner nicht zu überfordern.

Ruhiger Raum:
Bieten Sie Ihrem Welpen einen ruhigen, sicheren Raum in Ihrem Zuhause, der mit allem ausgestattet ist, was er benötigt. Das kann ein kleines Gehege, ein Hundebett und Wasser- sowie Futternäpfe sein.

Erkundung:
Lassen Sie Ihren Welpen die Umgebung erkunden, aber achten Sie darauf, dass keine gefährlichen Gegenstände oder Substanzen in seiner Reichweite sind. Vermeiden Sie es, ihn zu überfordern, indem Sie zu viele neue Eindrücke auf einmal zulassen.

3. Die ersten Tage

Zeit für Bindung:
Verbringen Sie viel Zeit mit Ihrem Welpen, um eine starke Bindung aufzubauen. Kuscheln Sie, spielen Sie sanfte Spiele und geben Sie ihm die Sicherheit, die er in dieser unsicheren Zeit braucht.

Fütterung und Ruhe:
Halten Sie sich an den Fütterungsplan, den der Züchter oder Tierarzt empfohlen hat. Achten Sie darauf, dass Ihr Welpe genügend Ruhe bekommt, da Welpen viel Schlaf benötigen, um zu wachsen und sich zu entwickeln.

Tierarztbesuch:
Planen Sie bald einen ersten Tierarztbesuch ein, um sicherzustellen, dass Ihr Welpe gesund ist und um die Impfungen und Entwurmungen zu besprechen.

Die ersten Tage im neuen Zuhause sind entscheidend für die Bindung zwischen Ihnen und Ihrem Welpen. Geben Sie ihm Sicherheit und Liebe, und Sie werden sehen, wie er sich schnell an seine neue Familie gewöhnt.

4. Stubenreinheit

Ihr Welpe befindet sich in den meisten Fällen noch nicht im klaren darüber, dass er sich draußen lösen sollte. Dies kann besonders für Welpen, die in den kälteren Monaten bei Ihnen einziehen, eine Herausforderung darstellen. Draußen sind sie oft von der neuen Umgebung und den vielen aufregenden Eindrücken so abgelenkt, dass ihre dringenden Bedürfnisse leicht vergessen werden.

Es ist daher ratsam, von Anfang an einen bestimmten Ort im Freien zu finden, an dem Ihr Hund seine Geschäfte erledigen kann. Bringen Sie Ihren Welpen regelmäßig und in kurzen Abständen dorthin, sei es durch Führen oder Tragen, und warten Sie geduldig, bis er sich löst. Achten Sie besonders nach dem Spielen, Fressen oder Schlafen auf Zeichen wie Kreiseln oder Schnüffeln, die darauf hinweisen, dass Ihr Welpe sich lösen muss, und bringen Sie ihn dann umgehend nach draußen.

Wenn Ihr Welpe erfolgreich draußen sein Geschäft erledigt, loben Sie ihn mit einer ruhigen Stimme. Es ist wichtig zu betonen, dass Sie ihn nicht bestrafen sollten, falls er sich aus Versehen drinnen löst. Bestrafung kann das Vertrauen in Ihrer frischen Beziehung beeinträchtigen. Ihr Welpe handelt nicht "aus Trotz" oder um Sie zu ärgern. Es gibt viele Gründe, warum er vielleicht drinnen sein Geschäft verrichtet hat, sei es aufgrund von Unsicherheit, mangelnder Ruhe draußen oder körperlicher Unfähigkeit, Blase und Darm zu kontrollieren.

Es ist auch empfehlenswert, nachts bei Ihrem Welpen zu bleiben. Auf diese Weise können Sie schnell reagieren, wenn er unruhig wird, und ihn nach draußen bringen.

5. Beisshemmung

Die Beißhemmung ist ein wichtiger Aspekt in der Erziehung eines Welpen. Beim Züchter hat der Welpe gelernt, wie er sich im Spiel mit seinen Geschwistern verhalten kann, ohne sie zu verletzen. Diese Lektionen sind jedoch nicht unbedingt auf den Umgang mit Menschen übertragbar. Ein entscheidender Punkt hierbei ist die Empfindlichkeit der menschlichen Haut im Vergleich zur robusten Haut seiner Geschwister.

Es ist von großer Bedeutung, dem Welpen beizubringen, dass bei Interaktionen mit Menschen sanftere Spielregeln gelten. Dies ist besonders relevant, wenn Kinder in der Familie leben, da ein versehentliches Zupacken im Spiel zu ernsthaften Verletzungen führen kann.

Die Verantwortung, die Beißhemmung zu trainieren, liegt in der Regel bei den erwachsenen Familienmitgliedern, da der Welpe Kinder oft nicht als gleichwertige Bezugspersonen betrachtet. Ähnlich wie seine Geschwister zuvor, sollte der Welpe lernen, dass es auch beim Spielen mit Menschen Grenzen gibt. Wenn er zu grob wird und seine Zähne einsetzt, sollte das Spiel unmittelbar unterbrochen werden. Ein kurzer Schmerzensschrei oder das Aufstehen und Ignorieren des Welpen können dabei hilfreiche Maßnahmen sein. Auf diese Weise erlernt der Welpe, dass sein übermäßiges Beißen unangemessen ist.

Manche Welpen benötigen jedoch mehr Zeit, um ihr Beißen zu kontrollieren. Oft wird der Schnauzgriff empfohlen, eine Technik, die auch von Mutterhunden angewendet wird. Von dieser Technik rate ich jedoch ab. Sie verursacht Schmerzen beim Welpen, fördert weder das Vertrauen noch versteht der Welpe den Zusammenhang.

6. Grenzen setzten

Im Alltag stößt Ihr Welpe von Natur aus auf Barrieren und Grenzen. Diese können sich in geschlossenen Türen, der Leine oder Entscheidungen, die er nicht selbst treffen darf, äußern. Für Ihren Hund können diese natürlichen Begrenzungen jedoch manchmal frustrierend sein. Daher ist es von Bedeutung, dass Sie als Hundehalter darauf achten, nur notwendige Beschränkungen zu setzen und Ihrem Hund so oft wie möglich die Freiheit lassen, eigene Entscheidungen zu treffen.

Es gibt häufig das Argument, dass Hunde lernen müssen, was sie nicht dürfen. Dies ist zweifellos richtig, aber die Art und Weise, wie Sie Ihrem Hund diese Lektion beibringen, ist entscheidend. Es ist möglich, Ihrem Hund beizubringen, was erwünscht ist, anstatt sich ausschließlich darauf zu konzentrieren, ihm zu sagen, was er nicht tun darf. Dieses Konzept kann durch positives Training erreicht werden. Wenn Sie erwünschtes Verhalten belohnen und verstärken, wird unerwünschtes Verhalten allmählich weniger auftreten.

Beispielsweise, wenn Sie Ihren Hund dafür belohnen, dass er beim Begrüßen alle vier Pfoten auf dem Boden behält, wird er im Laufe der Zeit von selbst aufhören, Besucher anzuspringen. Ihr Hund wird lernen, sich im "grünen Bereich" zu bewegen, ohne die "rote Linie" zu überschreiten.

Diese Trainingsmethode erfordert möglicherweise etwas mehr Engagement und Geduld Ihrerseits im Vergleich zu schnellen "Korrekturen". Dennoch verdienen es Welpen, unterstützt statt bestraft zu werden. Durch diese Methode bleibt Ihre Beziehung zu Ihrem Hund positiv und wird nicht durch unangenehme Strafmaßnahmen belastet. Darüber hinaus stärken Sie das Selbstbewusstsein Ihres Welpen, was ihm hilft, in verschiedenen Situationen gute Entscheidungen zu treffen.

7. Sozialisierung

Die Erziehung eines Welpen ist ein vielschichtiger Prozess, der darauf abzielt, aus ihm einen gut angepassten und gesellschaftsfähigen erwachsenen Hund zu formen. Ein wesentlicher Bestandteil dieses Entwicklungsprozesses sind die Sozialisierung und die Habituation. Beide Konzepte spielen eine entscheidende Rolle, um sicherzustellen, dass der Welpe in verschiedenen Situationen selbstbewusst und souverän reagieren kann.

Sozialisierung bezieht sich auf die Fähigkeit des Welpen, positive Interaktionen mit seiner Umwelt und anderen Lebewesen zu haben. Dies schließt das Kennenlernen und die freundliche Interaktion mit verschiedenen Menschen, Tieren, Umgebungen und Reizen ein. Die Sozialisierungsphase ist entscheidend, da sie dem Welpen ermöglicht, soziale Fähigkeiten zu entwickeln und Selbstvertrauen aufzubauen. Durch die Begegnung mit unterschiedlichen Menschen und Tieren lernt der Welpe, wie er sich angemessen in sozialen Situationen verhalten sollte. Dies trägt dazu bei, dass er später gut mit anderen Hunden auskommt und sich sicher in der Nähe von Menschen fühlt.

Habituation hingegen beschäftigt sich mit der Reaktion des Welpen auf verschiedene Umweltreize, ohne dass dabei soziale Interaktion im Vordergrund steht. In dieser Phase gewöhnt sich der Welpe an alltägliche Geräusche, Anblicke und Berührungen, ohne dass sie Stress oder Angst auslösen. Habituation hilft dem Welpen, Gelassenheit gegenüber verschiedenen Reizen zu entwickeln. So lernt er beispielsweise, wie er auf laute Geräusche, Verkehr oder ungewohnte Situationen ruhig und entspannt reagieren kann.

7. Sozialisierung

Die Unterscheidung zwischen Sozialisierung und Habituation ist wichtig, da sie verschiedene Aspekte der Entwicklung eines Welpen ansprechen. Während die Sozialisierung darauf abzielt, positive soziale Interaktionen zu fördern und Selbstvertrauen aufzubauen, hilft die Habituation dem Welpen, sich an verschiedene Umweltreize zu gewöhnen, um Ängste und Unsicherheiten zu minimieren.

In der Praxis sollten Hundebesitzer beide Konzepte in das Training und die Erziehung ihres Welpen integrieren. Dies bedeutet, dass der Welpe nicht nur lernen sollte, sich in sozialen Situationen angemessen zu verhalten, sondern auch, wie er ruhig und gelassen auf verschiedene Reize in seiner Umgebung reagieren kann.

Die Kombination aus einer erfolgreichen Sozialisierung und Habituation legt den Grundstein für ein harmonisches Zusammenleben zwischen Mensch und Hund. Sie ermöglicht es dem Hund, die Welt sicher zu erkunden, während der Besitzer das Vertrauen hat, dass sein Hund in verschiedenen Situationen souverän agieren kann. Wenn Hundetrainer diese Prinzipien in ihrer Arbeit berücksichtigen und den Hundebesitzern dabei helfen, ihre Welpen richtig zu sozialisieren und zu habituieren, entsteht eine solide Grundlage für eine glückliche und gesunde Mensch-Hund-Beziehung.

7. Sozialisierung

Was wichtig ist zu verstehen, ist, dass Sozialisierung und Habituation oft parallel verlaufen und sich gegenseitig beeinflussen. Während ein Welpe sozialisiert wird und positive Interaktionen mit anderen erlebt, lernt er gleichzeitig, auf verschiedene Umweltreize ruhig zu reagieren. Umgekehrt hilft ihm die Habituation, sich in sozialen Situationen sicherer zu fühlen, da er gelernt hat, sich in seiner Umgebung wohlzufühlen.

Dieser fliessende Übergang zwischen Sozialisierung und Habituation verdeutlicht, dass beide Konzepte untrennbar miteinander verbunden sind und sich ergänzen. Es ist nicht nur wichtig, dass Welpen soziale Fähigkeiten entwickeln, sondern auch, dass sie lernen, in einer vielfältigen und manchmal reizüberfluteten Welt ruhig zu bleiben.

In der Praxis bedeutet dies, dass Hundebesitzer bei der Erziehung ihrer Welpen beide Aspekte berücksichtigen sollten. Welpen sollten nicht nur lernen, wie sie sich in sozialen Situationen verhalten sollen, sondern auch, wie sie auf unterschiedliche Umweltreize gelassen reagieren können. Auf diese Weise wird ein solides Fundament für ein selbstbewusstes und gesellschaftsfähiges Verhalten in jeder Lebenslage gelegt.

Die Symbiose von Sozialisierung und Habituation ist entscheidend für die Entwicklung eines gut angepassten und glücklichen Hundes. Sie ermöglicht es Welpen, die Welt mit Zuversicht zu erkunden, während sie gleichzeitig die Fähigkeit erlangen, sich in verschiedenen Umgebungen und sozialen Situationen sicher zu verhalten. Hundetrainer, die dieses Verständnis in ihre Arbeit einbringen, tragen dazu bei, starke, gesunde und selbstbewusste Hunde heranzuziehen.

Menschen:
Ihr Welpe sollte von klein auf verschiedene Menschen kennenlernen, einschließlich Frauen, Männer, Kinder, Senioren und Menschen unterschiedlicher Ethnien. Dies hilft dabei, Unsicherheiten und Vorurteile gegenüber bestimmten Gruppen zu vermeiden.

Andere Hunde:
Die Interaktion mit Artgenossen ist entscheidend für die Entwicklung sozialer Fähigkeiten und die Vermeidung von übermäßiger Dominanz oder Angst gegenüber anderen Hunden.

Tiere:
Es ist wichtig, dass Ihr Welpe auch andere Tierarten trifft, sei es Katzen, Vögel oder Kleintiere. Dies fördert das Verständnis und die Akzeptanz anderer Lebewesen.

Umweltreize:
Ihr Welpe sollte verschiedenen Umweltreizen ausgesetzt sein, darunter verschiedene Untergründe (Rasen, Sand, Fliesen), Geräusche (Straßenlärm, Haushaltsgeräte) und visuelle Eindrücke (Stadt, Wald, Park).

Alltagsaktivitäten:
Während der Welpensozialisierung ist es hilfreich, den Welpen an alltägliche Aktivitäten zu gewöhnen, wie das Autofahren, das Einkaufen in belebten Einkaufszentren oder das Besuchen von Restaurants.

Verschiedene Situationen:
Ihr Welpe sollte lernen, in verschiedenen Situationen ruhig und entspannt zu bleiben, sei es in Menschenmengen, bei Tierarztbesuchen oder während Feuerwerkskörpern.

Gehorsam und Grundkommandos:
Während der Sozialisierung ist es wichtig, auch grundlegende Gehorsamsübungen wie "*Sitz*", "*Platz*" und "*Komm*" zu üben, um sicherzustellen, dass Ihr Welpe sicher und gut kontrollierbar ist.

Positive Erfahrungen:
Alle diese Begegnungen und Erfahrungen sollten positiv gestaltet werden. Belohnen Sie gutes Verhalten mit Lob, Leckerlis und Spielen, um eine positive Verknüpfung herzustellen.

Grenzen und Sicherheit:
Während der Sozialisierung ist es wichtig, Ihrem Welpen klare Grenzen zu setzen und für seine Sicherheit zu sorgen. Dies kann bedeuten, ihn in neuen Umgebungen an der Leine zu führen oder ihn vor potenziell gefährlichen Situationen zu schützen.

Individuelle Bedürfnisse:
Jeder Welpe ist einzigartig, daher ist es wichtig, die Sozialisierung an die individuellen Bedürfnisse und Persönlichkeit Ihres Welpen anzupassen. Einige Welpen sind von Natur aus selbstbewusst, während andere schüchterner sind und mehr Zeit benötigen.

Alleine Bleiben:
Das Training für das Alleine Bleiben ist entscheidend für ein harmonisches Zusammenleben mit Ihrem Hund. Viele Hunde neigen dazu, ängstlich oder unruhig zu werden, wenn sie alleine gelassen werden. Dies kann zu unerwünschtem Verhalten wie Bellen, Jaulen oder Zerstörung führen.

Die richtige Welpensozialisierung ist ein langfristiger Prozess, der Geduld, Engagement und positive Verstärkung erfordert.

Notizen:

8. Halsband oder Geschirr

Die Wahl zwischen einem Brustgeschirr und einem Halsband für Ihren Welpen ist nicht nur eine Frage des persönlichen Geschmacks, sondern hat auch Auswirkungen auf das Wohlbefinden und Verhalten des vierbeinigen Freundes. Hier sind die Vor- und Nachteile von beiden Optionen im Überblick:

Halsband

Vorteile:
1. Traditionell und weit verbreitet.
2. Einfach anzulegen und abzunehmen.
3. Geeignet für den täglichen Gebrauch.
4. Kann als Erkennungsmarke für deinen Hund dienen.

Nachteile:
1. Übt Druck auf den Hals deines Hundes aus, was zu gesundheitlichen Problemen führen kann.
2. Erhöht das Risiko von Verletzungen am Kehlkopf, der Luftröhre und der Halsgefäße.
3. Kann bei starkem Ziehen dazu führen, dass der Hund schwieriger zu kontrollieren ist.
4. In einigen Ländern und Regionen sind bestimmte Halsbandtypen aufgrund von Tierschutzgesetzen verboten.

Brustgeschirr

Vorteile:

1. Bessere Druckverteilung über den Brustkorb und die Schultern deines Hundes.
2. Reduziert das Risiko von Verletzungen im Halsbereich.
3. Ideal für Hunde, die dazu neigen, an der Leine zu ziehen.
4. Unterstützt das Training von gehorsamem Verhalten.
5. Einige Geschirre bieten zusätzliche Polsterung für Komfort.

Nachteile:

1. Nicht für jeden Hund geeignet; die Passform ist entscheidend.
2. Bei falscher Einstellung kann das Geschirr scheuern oder den Bewegungsspielraum des Hundes einschränken.
3. Einige Hunde können leichter aus einem Brustgeschirr schlüpfen.
4. Die Einführung eines Geschirrs erfordert möglicherweise Geduld und Training.

Die Wahl zwischen Halsband und Brustgeschirr hängt von den individuellen Bedürfnissen und dem Verhalten deines Hundes ab. Ein gut sitzendes Brustgeschirr kann eine gesunde und komfortable Option für Spaziergänge und das Training sein, während ein Halsband in bestimmten Situationen oder für die Kennzeichnung verwendet werden kann. Wichtig ist, dass du dich über die spezifischen Bedürfnisse deines Hundes informierst und sicherstellst, dass das ausgewählte Zubehör sowohl deinem Hund als auch dir selbst gerecht wird.

9. Leine und Schleppleien

Die Wahl der richtigen Leine für Ihren Welpen ist entscheidend für das Training, die Sicherheit und das Wohlbefinden Ihres Hundes. Es gibt verschiedene Arten von Leinen, aber nicht alle sind gleichermaßen für Welpen geeignet. Hier ist eine Übersicht über Leinen, die sich besonders gut für Welpen eignen:

Die Standardleine (1,2 bis 1,5 Meter)

Vorteile:
Einfach in der Handhabung.
Gibt dir Kontrolle über Ihren Welpen.
Erhältlich in verschiedenen Längen und Materialien.

Nachteile:
Kann zu Ziehen und Zerren führen, insbesondere bei energiegeladenen Welpen.
Kann Halsprobleme verursachen, wenn zu viel Druck auf das Halsband ausgeübt wird.

Die Schleppleine (5 bis 10 Meter)

Vorteile:
Bietet Ihrem Welpen mehr Freiheit, sich zu bewegen und zu erkunden. Ideal für das Training von Rückrufkommandos und zur Förderung der Bewegung.

Nachteile:
Die Länge erfordert eine gewisse Übung, um sicherzustellen, dass sich Ihr Welpe nicht verheddert.
Kann schwierig zu handhaben sein, wenn dein Welpe zieht oder unkontrolliert herumläuft.

Bei der Auswahl einer Leine für Ihren Welpen ist es wichtig, die Bedürfnisse Ihres Hundes und dem Trainingsziel zu berücksichtigen. Standardleinen sind in den meisten Fällen eine gute Wahl, aber wenn Sie dem Welpen mehr Bewegungsfreiheit bieten möchten, ist eine Schleppleine eine hervorragende Option.
Handschlaufen und *Flexi-Leinen* sind in der Regel nicht für Welpen geeignet, da sie weniger Kontrolle und Sicherheit bieten können. Stelle Sie sicher, dass die von Ihnen gewählte Leine bequem in Ihrer Hand liegt und dem Welpen ausreichend Bewegungsfreiheit gewährt, ohne die Kontrolle zu verlieren.

10. Welpen und Kinder

Die 7 Regeln im Umgang von Kindern
mit dem eigenen Hund.

Für Familien, die einen Hund in ihr Leben aufnehmen, ist es entscheidend, klare Regeln für das harmonische Zusammenleben von Kindern und Hunden aufzustellen. Hier sind die sieben wichtigsten Regeln, die sicherstellen, dass alle Familienmitglieder - ob zwei- oder vierbeinig - glücklich und sicher sind:

Nicht Ärgern oder Schmerzen zufügen:
Kinder sollten niemals den Hund ärgern, quälen oder ihm Schmerzen zufügen. Das Ziehen an Ohren oder Schwanz ist inakzeptabel. Lehren Sie Ihre Kinder, wie wichtig es ist, respektvoll und einfühlsam mit dem Hund umzugehen.

Respekt vor dem Hund:
Kinder sollten von klein auf lernen, den Hund zu respektieren. Sie sollten verstehen, dass Hunde über Körpersprache kommunizieren und bestimmte Gesten, wie sich über den Hund zu beugen oder in die Augen zu schauen, als bedrohlich empfinden können. Lehren Sie Ihre Kinder, den Hund in Ruhe zu lassen, wenn er es wünscht, und seine Körpersprache zu respektieren.

Kein Zwang:
Kinder sollten niemals dazu gedrängt werden, den Hund zu umarmen oder zu tragen. Hunde sollten die Freiheit haben, auf ihren eigenen vier Beinen zu stehen und sich nicht eingeengt zu fühlen. Dies verhindert Unfälle und Unbehagen bei beiden.

Das richtige Streicheln lernen:
Zeigen Sie Ihren Kindern, wie man Hunde richtig streichelt. Dies bedeutet, dass sie sanft und auf den richtigen Körperstellen streicheln sollten, wie zum Beispiel am Hals oder am Bauch. Vermeiden Sie das Streicheln über den Kopf, da dies von vielen Hunden als unangenehm empfunden wird.

Ruhe bewahren:
Kinder sollten lernen, ruhig und respektvoll mit dem Hund umzugehen. Schreien oder Wutanfälle in Gegenwart des Hundes sollten vermieden werden, da der Hund dies als Bedrohung empfinden könnte. Kinder sollten auch positive Interaktionen mit dem Hund erleben, um ein gutes Verhältnis aufzubauen.

Gemeinsame Spiele:
Beim Spielen mit dem Hund sollten Kinder auf Zieh- und Zerrspiele verzichten, da diese zu Konflikten führen können. Stattdessen sollten sie Spiele wie Tricktraining oder Apportieren in Erwägung ziehen. Achten Sie darauf, dass das Spiel für den Hund angenehm ist und unterbrechen Sie es bei Bedarf.

Ruheplätze:
Jedes Familienmitglied, einschließlich des Hundes, sollte einen eigenen Ruheplatz haben. Kinder sollten verstehen, dass sie den Hund nicht stören dürfen, wenn er sich an seinem Rückzugsort aufhält. Gleichzeitig sollte das Kinderzimmer für den Hund tabu sein.

Die Einhaltung dieser Regeln schafft eine sichere und harmonische Umgebung für Kind und Hund. Es ist wichtig, dass Eltern ihren Kindern diese Grundsätze frühzeitig vermitteln, um ein liebevolles und respektvolles Verhältnis zwischen beiden zu fördern.

7 Regeln zusammen gefasst

1. Keinen Schmerz oder Ärger verursachen.
2. Respektiere die Körpersprache des Hundes.
3. Den Hund nicht zwingen oder tragen.
4. Richtiges Streicheln am Hals, Brust oder an den Seiten.
5. Ruhig und respektvoll mit dem Hund umgehen.
6. Vermeide Zieh, Zerr- und Wurfspiele
7. Eigene Ruheplätze schaffen und respektieren.

Diese Regeln helfen, ein harmonisches Zusammenleben von Kindern und Hunden zu gewährleisten.

11. Aktivität und Entspannung

Die Bedeutung von Aktivität

Welpen sind wie kleine Wirbelwinde, die ständig in Bewegung sind. Aktivität ist für ihre körperliche und geistige Entwicklung von entscheidender Bedeutung. Hier sind einige wichtige Punkte zur Aktivität bei Welpen:

Sozialisierung:
Aktivitäten wie Spaziergänge im Park, Besuche in Hundespielgruppen und das Treffen neuer Menschen und Tiere helfen Ihrem Welpen, soziale Fähigkeiten zu entwickeln und positive Erfahrungen zu sammeln.

Körperliche Gesundheit:
Bewegung fördert das Wachstum und die Entwicklung der Muskeln und Knochen Ihres Welpen. Regelmäßige Aktivität hilft auch dabei, Übergewicht zu vermeiden, was bei Hunden zu Gesundheitsproblemen führen kann.

Mentale Stimulation:
Interaktives Spielzeug, Rätselspiele und das Erlernen von Grundkommandos halten den Verstand Ihres Welpen aktiv und helfen ihm, intellektuell zu wachsen.

Energieabbau:
Welpen haben viel Energie, die sie abbauen müssen, um ruhig und ausgeglichen zu sein. Aktive Spielzeiten sorgen dafür, dass Ihr Welpe nicht durch übermäßige Energie überwältigt wird.

Die Bedeutung von Entspannung

Während Aktivität wichtig ist, sollte sie in Maßen kommen, um Ihren Welpen nicht zu überfordern. Hier sind einige Möglichkeiten, wie Sie Entspannung in das Leben Ihres Welpen integrieren können:

Routinen:

Schaffen Sie eine tägliche Routine, die Aktivität und Ruhezeiten beinhaltet. Dies hilft Ihrem Welpen, sich auf eine ausgewogene Lebensweise einzustellen.

Ruhige Plätze:

Stellen Sie Ihrem Welpen ruhige, gemütliche Plätze zur Verfügung, an denen er sich ausruhen kann. Ein komfortables Hundebett oder eine Kiste kann ihm ein Gefühl der Sicherheit vermitteln.

Entspannende Aktivitäten:

Beruhigende Aktivitäten wie sanftes Bürsten oder Massagen können Ihrem Welpen helfen, sich zu entspannen. Dies kann auch eine Bindung zwischen Ihnen beiden fördern.

Schlaf:

Welpen schlafen viel, oft bis zu mindestens *18 Stunden am Tag*. Lassen Sie Ihren Welpen ausreichend schlafen, um sein Wachstum und seine Erholung zu unterstützen.

Mentale Ruhe:

Ebenso wie körperliche Aktivität benötigen Welpen Zeit zur mentalen Entspannung. Geben Sie ihm Pausen, um seine Eindrücke zu verarbeiten und zur Ruhe zu kommen.

Die richtige Balance finden

Die Kunst liegt darin, die richtige Balance zwischen Aktivität und Entspannung für Ihren Welpen zu finden. Jeder Welpe ist einzigartig und hat unterschiedliche Bedürfnisse. Beobachten Sie Ihren Welpen aufmerksam, um herauszufinden, wie viel Aktivität er verträgt, ohne übermäßig gestresst zu sein.

Denken Sie daran, dass Welpen viel Schlaf und Ruhe benötigen, um gesund zu wachsen. Überanstrengen Sie Ihren Welpen nicht mit zu viel Aktivität. Ein übermüdeter Welpe kann gereizt und unruhig werden.

Letztendlich geht es darum, eine ausgewogene Lebensweise für Ihren Welpen zu schaffen, die sowohl körperliche als auch geistige Bedürfnisse erfüllt. Mit der richtigen Mischung aus Aktivität und Entspannung können Sie sicherstellen, dass Ihr Welpe ein glückliches, gesundes und gut angepasstes Leben führt.

Ruhebedürfnisse von Welpen bis zum alten Hund:

- Welpen (bis ca. 18. Lebenswoche): 20-22 Stunden
- Junghunde (bis ca. 2-3 Jahre): 18-20 Stunden
- Erwachsene Hunde: 17-18 Stunden
- Alte und kranke Hunde (ca. ab 7-8 Jahren): 20-22 Stunden

Es ist wichtig zu beachten, dass dies Durchschnittswerte sind und individuelle Unterschiede auftreten können. Die Ruhebedürfnisse können auch von Rasse zu Rasse variieren. Es ist entscheidend, die Ruhebedürfnisse Ihres Hundes zu beobachten und sicherzustellen, dass er ausreichend Schlaf und Ruhe bekommt, um seine Gesundheit und sein Wohlbefinden zu gewährleisten.

12. Pflege und Tierarzttraining

Die Pflege und das Tierarzt-Training sind zwei wichtige Aspekte im Leben eines Hundes, die oft übersehen oder vernachlässigt werden. Doch sie spielen eine entscheidende Rolle für die Gesundheit und das Wohlbefinden deines vierbeinigen Begleiters.

Pflege ist Liebe

Die Pflege Ihres Hundes ist nicht nur notwendig, um ihn sauber und gesund zu halten, sondern auch, um eine starke Bindung zwischen euch beiden aufzubauen. Regelmäßiges Bürsten wenn nötig Baden und die Pflege von Zähnen und Ohren sind grundlegende Pflegerituale, die Ihrem Hund helfen, sich wohlzufühlen. Ein Besuch beim Hundefrisör kann eine großartige Möglichkeit sein, Ihren Hund zu verwöhnen und sein Fell in Topform zu halten.

Besuch beim Hundefrisör:

Der Besuch beim Hundefrisör ist nicht nur eine Frage des Aussehens, sondern auch des Wohlbefindens Ihres Hundes. Ein professioneller Hundefrisör kann das Fell Ihres Hundes schneiden, pflegen und entwirren, was besonders wichtig für Hunde mit langem Fell ist. Dieser Wellness-Tag kann Ihres Hund ein Gefühl der Entspannung und des Wohlbefindens verschaffen, das sich positiv auf seine Stimmung auswirkt. Bei einigen Rassen ist ein Besuch beim Hundefrisör sogar obligatorisch.

Tierarzt-Training:

Tierarztbesuche sind für viele Hunde mit Stress verbunden. Doch mit dem richtigen Training könne Sie Ihren Hund auf diese Situation vorbereiten und ihm die Angst nehmen. Beginnen Sie frühzeitig mit dem Tierarzt-Training, indem Sie regelmäßige Besuche beim Tierarzt simulierst. Belohnen Sie Ihren Hund für ruhiges Verhalten und schaffen Sie eine positive Assoziationen mit dem Tierarztbesuch.

Zahnpflege nicht vergessen

Die Zahngesundheit Ihres Hundes ist entscheidend, um ernsthafte Gesundheitsprobleme zu vermeiden. Bürsten Sie regelmäßig die Zähne Ihres Hundes und verwenden Sie spezielle Hundezahnpflegeprodukte. Zahnerkrankungen können Schmerzen verursachen und das allgemeine Wohlbefinden Ihres Hundes beeinträchtigen.

Parasitenschutz

Schützen Sie Ihren Hund vor Parasiten wie Flöhen, Zecken und Würmern. Regelmäßige Kontrollen und die Verwendung von entsprechenden Präventionsmitteln sind notwendig, um Ihren Hund gesund zu halten. Informiere Sie Sich bei Ihrem Tierarzt über die besten Methoden für Ihren Hund.

Regelmäßige Tierarztbesuche

Vergessen Sie nicht, regelmäßige Tierarztbesuche einzuplanen. Diese sind entscheidend, um Gesundheitsprobleme frühzeitig zu erkennen und zu behandeln. Halten Sie die Impfungen und Gesundheitschecks Ihres Hundes auf dem neuesten Stand, um sein Wohlbefinden zu gewährleisten.

Die Pflege Ihres Hundes, der Besuch beim Hundefrisör und das Tierarzt-Training sind Schlüsselkomponenten für ein glückliches und gesundes Hundeleben. Investiere Zeit und Mühe in die Pflege Ihres Hundes, um eine starke Bindung aufzubauen und sicherzustellen, dass er ein erfülltes Leben führt. Dein Hund wird es Ihnen mit Liebe und Zuneigung danken.

13. Welpengruppen

Die Teilnahme an einer Welpengruppe in der Hundeschule ist für viele frischgebackene Welpenbesitzer ein wichtiger Schritt, um die Sozialisierung und das zukünftige Zusammenleben von Mensch und Hund positiv zu gestalten. Doch nicht alle Welpengruppen sind gleich, und es ist entscheidend, die richtige für deinen jungen Vierbeiner auszuwählen.

Die richtige Welpengruppe finden

Eine gute Welpengruppe zeichnet sich unter anderem durch eine kleine Gruppengröße aus. Dadurch ist gewährleistet, dass die Trainer genügend Zeit für jedes Hund-Mensch-Team haben und individuell auf die Bedürfnisse eingehen können. Eine passende Zusammenstellung der Hunde hinsichtlich Alter, Größe und Temperament ist entscheidend, um eine harmonische Interaktion zu fördern.

Abwechslung ist Trumpf

In einer qualitativ hochwertigen Welpengruppe sollten kurze Übungseinheiten sich mit freien Spielphasen abwechseln. Dies ermöglicht den Welpen, verschiedene Fähigkeiten spielerisch zu erlernen und gleichzeitig soziale Kontakte zu knüpfen. Doch genauso wichtig wie Spiel ist auch Ruhe. Ruhephasen sind essentiell, damit die jungen Hunde überreizt werden.

Moderation des freien Welpenspiels

Während des freien Welpenspiels sollten die Trainer stets präsent sein und ruhig moderieren. Dies bedeutet, dass sowohl schüchterne Welpen als auch kleine Draufgänger unterstützt werden. Eine sichere Umgebung, in der die Welpen ihre eigenen Grenzen entdecken können, ist hierbei von größter Bedeutung. Konflikte sollten vermieden und unterbunden werden, da es nicht ratsam ist, dass Welpen alles "unter sich ausmachen".

Theorie für die Mensch-Hund-Beziehung
Eine gute Welpengruppe bietet nicht nur praktisches Training für die Hunde, sondern auch wertvolle Theorie für die Bezugspersonen. Hier sollten alle Fragen gestellt und beantwortet werden können. Die Grundlagen für eine harmonische Mensch-Hund-Beziehung werden gelegt, und die Bezugspersonen lernen, wie sie die soziale Entwicklung ihrer Welpen positiv beeinflussen können.

Schwerpunkt: Sozialisierung
Der Hauptfokus einer hochwertigen Welpengruppe liegt auf der Sozialisierung der jungen Hunde. Hier lernen sie spielerisch erste Signale, werden behutsam mit Artgenossen sozialisiert und gewöhnen sich an verschiedene Umweltreize. So legt man den Grundstein für ein entspanntes Zusammenleben in einer von Menschen und Hunden bevölkerten Welt.

Die Teilnahme an einer Welpengruppe kann einen entscheidenden Beitrag zur positiven Entwicklung deines Welpen leisten. Sie bietet nicht nur die Möglichkeit zur Sozialisierung, sondern fördert auch die Bindung zwischen Mensch und Hund. Achte darauf, eine qualifizierte Welpengruppe auszuwählen, die die Bedürfnisse deines Hundes und deine eigenen Anforderungen erfüllt. Gemeinsam werdet ihr die ersten Schritte in eurer aufregenden Reise der Mensch-Hund-Beziehung gehen und dabei wertvolle Erfahrungen sammeln.

13. Welpengruppen

Woran erkennt man einen gute Welpengruppe

-Einbeziehung des Menschen:
Gute Welpengruppen starten mit Trainingseinheiten für den
Menschen. (Besitzer mit Welpe)

-Kontrolliertes Welpenspiel:
Die Welpen spielen miteinander, aber Menschen sind dabei, um
einzugreifen, wenn nötig.

-Pausen:
Welpen lernen, wie man sich im Spiel verhält und müssen Pausen
einlegen.

-kleine Gruppen:
Ideal sind fünf bis sieben Welpen, um bessere Kontrolle und
Kommunikation zu ermöglichen.

-grosse und kleine Rassen:
Welpengruppen müssen am Anfang nach Rasse angepasst sein d.h.
Schäferhund Welpe nicht mit Chihuahua Welpe in einer Gruppe

-Kein automatischer Welpenschutz:
Welpen sollten in neuen Situationen geschützt werden, da es keinen
automatischen Schutz gibt.

14. Hundeschule vs Verein

Die Entscheidung zwischen einer Hundeschule und einem Hundeverein ist für viele Hundebesitzer keine einfache. Beide Optionen bieten Vor- und Nachteile, aber die Qualität des Trainings und die individuellen Bedürfnisse deines Hundes sollten bei der Wahl im Vordergrund stehen.

Hundeschule: Qualität und Fachkompetenz

Professionelle Anleitung:
In Hundeschulen arbeiten ausgebildete Hundetrainer, die ihr Wissen und ihre Fähigkeiten ständig aktualisieren. Sie sind auf dem neuesten Stand der Trainingsmethoden und -techniken, was eine effektive und sichere Ausbildung deines Hundes gewährleistet.

Individuelles Training:
Hundeschulen bieten Einzeltraining oder kleine Gruppenkurse an. Dies ermöglicht es den Trainern, sich auf die individuellen Bedürfnisse deines Hundes zu konzentrieren und das Training maßgeschneidert zu gestalten.

Qualitätskontrolle:
Hundeschulen sind kommerzielle Einrichtungen, die auf ihren Ruf angewiesen sind. Daher streben sie nach hoher Qualität und Kundenzufriedenheit. Du kannst davon ausgehen, dass dein Hund in einer professionellen Umgebung trainiert wird.

Hundeverein: Gemeinschaft und Ehrenamt

Die Vorzüge eines Hundevereins

Gemeinschaftsgefühl und Ehrenamt:
Hundevereine fördern oft ein starkes Gemeinschaftsgefühl und setzen auf ehrenamtliche Mitarbeit ihrer Mitglieder. Sie treffen Gleichgesinnte, können sich in der Hunde-Community engagieren und tragen durch Arbeitsstunden zum Vereinsleben bei.

Vielfältige Aktivitäten:
In Hundevereinen werden verschiedene Aktivitäten und Veranstaltungen angeboten. Dies kann eine großartige Möglichkeit sein, mit Ihrem Hund Spaß zu haben und neue Fähigkeiten zu entwickeln.

Ehrenamtliche Trainer:
In allen Hundevereinen sind die Trainer ehrenamtlich tätig. Dies spart Kosten, aber die Qualität des Trainings hängt dabei sehr stark von den individuellen Fähigkeiten und Erfahrungen der Trainer ab.

Die Qualitätsfrage

Der entscheidende Unterschied zwischen Hundeschulen und Hundevereinen liegt oft in der Qualität des Trainings und der Trainer. Hundeschulen sind auf professionelle Schulungen und hochwertiges Training spezialisiert. Die Trainer sind bestrebt, die besten Ergebnisse für Sie und Ihren Hund zu erzielen.

Auf der anderen Seite werden Hundevereine immer von ehrenamtlichen Mitgliedern geleitet. Obwohl sie viel Engagement und Leidenschaft für Hunde zeigen, können ihre Fähigkeiten und Kenntnisse sehr begrenzt sein. Die Qualität des Trainings hängt daher stark von den individuellen Fähigkeiten und Motivation der Trainer ab.

Fazit:

Die Wahl zwischen Hundeschule und Hundeverein sollte sorgfältig getroffen werden, abhängig von den Bedürfnissen deines Hundes und Ihrer eigenen Zielen. Wenn Sie nach professionellem Training und individueller Aufmerksamkeit suchen, ist eine Hundeschule die bessere Wahl. Hundevereine bieten eine soziale Gemeinschaft und verschiedene Aktivitäten, können aber bei der Qualität des Trainings extrem variieren.

Egal für welche Option Sie sich entscheiden, achten Sie darauf, dass die Bedürfnisse Ihres Hundes und Ihre Ziele im Mittelpunkt stehen. Eine fundierte Entscheidung wird dazu beitragen, dass Ihr Hund die bestmögliche Ausbildung und Betreuung erhält.

15. Trainingziele

Trainingziele

Leitfaden für Gewaltfreies Hundetraining

In der Hundeausbildung ist ein gewaltfreier und motivierender Ansatz entscheidend, um eine starke Bindung zwischen Mensch und Hund aufzubauen.

Hier sind einige grundlegende Prinzipien

1. Vertrauen und Bindung aufbauen:
Die Basis für eine erfolgreiche Hundeerziehung ist das Vertrauen zwischen Mensch und Hund. Bemüht euch, eine enge Bindung zu Ihrem Hund aufzubauen, indem Sie Zeit miteinander verbringt, spielt und positive Erfahrungen teilt.

2. Verstehen des Hundeverhaltens:
Lernt, das Verhalten Ihres Hundes in verschiedenen Alltagssituationen und Umgebungen zu verstehen. Beobachtet seine Reaktionen und Bedürfnisse, um besser auf ihn eingehen zu können.

3. Gewaltfreiheit ist oberstes Gebot:
Trainieren Sie Ihren Hund niemals mit physischer Gewalt, Schlägen oder Schreckmethoden. Diese Methoden sind nicht nur grausam, sondern schädigen auch das Vertrauen zwischen Ihnen und Ihrem Hund.

4. Positive Verstärkung:
Belohnt erwünschtes Verhalten Ihres Hundes mit Lob, Leckerlis und Spielzeug. Positive Verstärkung ist ein effektiver Weg, um gewünschtes Verhalten zu fördern.

Trainingziele

5. Konsequenz und Geduld:
Seien Sie konsequent in Ihren Anweisungen und erwarten nicht, dass Ihr Hund sofort alles versteht. Geben Sie ihm Zeit, um zu lernen, und bleiben Sie geduldig, auch wenn es Rückschläge gibt.

6. Angst und Respektlosigkeit überwinden:
Wenn Ihr Hund Ängste oder respektloses Verhalten zeigt, suchen nach der Ursache und arbeiten Sie daran, sie zu überwinden. Das kann durch behutsame Desensibilisierung und Gegenkonditionierung geschehen.

7. Verständnis für die Bedürfnisse des Hundes:
Achtet darauf, die Bedürfnisse Ihres Hundes zu erkennen und zu erfüllen. Ein glücklicher Hund ist eher bereit, zu kooperieren.

8. Training in verschiedenen Umgebungen:
Trainiert Sie Ihren Hund nicht nur zu Hause, sondern auch in verschiedenen Umgebungen, um sicherzustellen, dass er in verschiedenen Situationen gehorcht.

9. Gemeinsame Aktivitäten genießen:
Das Training sollte nicht nur Arbeit sein. Genießt gemeinsame Aktivitäten wie Spaziergänge und Spiele, um die Bindung zu vertiefen.

10. Fachliche Unterstützung:
Falls Sie Schwierigkeiten beim Training haben oder besondere Verhaltensprobleme Ihres Hundes auftreten, zögern Sie nicht, professionelle Hilfe von einem qualifizierten Hundetrainer in Anspruch zu nehmen.

Ein harmonisches Mensch-Hund-Team basiert auf Vertrauen, Respekt und einer gewaltfreien Erziehung. Verstehen Sie die Bedürfnisse Ihres Hundes, investieren Sie Zeit in sein Training und erleben Sie gemeinsam eine erfüllte Beziehung.

Trainingziel: Name lernen

Dein Welpe muss lernen, auf seinen Namen zu reagieren und zu verstehen, dass er gemeint ist. Mit diesen Schritten lernt dein Welpe seinen Namen.

1. Die Wahl des Namens
Wähle einen kurzen, leicht verständlichen Namen für deinen Welpen. Vermeide Namen, die sich ähnlich anhören wie gängige Befehle, um Verwirrung zu vermeiden.

2. Positive Verknüpfung
Beginne damit, den Namen deines Welpen in angenehmen Situationen zu verwenden, wie beim Füttern, Spielen oder Kuscheln. So verknüpft er seinen Namen mit positiven Erfahrungen.

3. Ein-Wort-Befehl
Verwenden Sie den Namen Ihres Welpen als Ein-Wort-Befehl, wenn Sie seine Aufmerksamkeit wünschen. Sagen Sie seinen Namen klar und freundlich, ohne Druck oder Schärfe in der Stimme.

4. Belohnungen einsetzen
Sobald Ihr Welpe auf seinen Namen reagiert, belohne Sie sofort. Das kann in Form von Leckerlis, Lob oder einem kurzen Spiel erfolgen. Die Belohnung verstärkt die positive Verknüpfung.

5. Trainingseinheiten
Üben Sie regelmäßig kurze Trainingseinheiten, in denen Sie den Namen des Welpen rufen und ihn belohnen, wenn er reagiert. Halte Sie die Übungen kurz und positiv.

6. Ablenkung erhöhen

Steigern Sie die Ablenkung schrittweise, indem Sie den Namen Ihres Welpen rufst, wenn er mit anderen Hunden spielt oder in einer belebten Umgebung ist. Belohnen Sie ihn jedes Mal, wenn er trotz Ablenkung auf Sie achtet.

7. Konsequenz

Seien Sie konsequent in der Verwendung seines Namens. Vermeiden Sie es, seinen Namen für unangenehme Situationen zu verwenden oder ihn mit negativen Erfahrungen zu verknüpfen.

8. Geduld und Wiederholung

Habe Sie Geduld, da das Erlernen des Namens Zeit und Wiederholung erfordert. Üben Sie regelmäßig, bis ihr Welpe zuverlässig auf seinen Namen reagiert.

9. Variation hinzufügen

Fügen Sie im Laufe der Zeit Variation hinzu, in dem Sie den Namen des Welpen aus unterschiedlichen Richtungen und Entfernungen rufen. Dies hilft ihm, den Namen unabhängig von der Situation zu erkennen.

10. Freude und Bindung

Denken Sie daran, dass das Ziel nicht nur die Reaktion auf den Namen ist, sondern auch die Stärkung der Bindung und die Freude an der Zusammenarbeit. Ihr Welpe sollte seinen Namen nicht nur hören, sondern sich auch freuen, darauf zu reagieren.

Der Name Ihres Welpen ist der wichtigste Grundbaustein für eine erfolgreiche Kommunikation und Erziehung. Mit Geduld, positiver Verstärkung und Liebe wird Ihr Welpe schnell lernen, auf seinen Namen zu hören und Ihnen seine volle Aufmerksamkeit zu schenken. Dieser erste Schritt ist entscheidend, denn Ihr Hund muss wissen, dass er gemeint ist, wenn sein Name fällt. Es schafft die Grundlage für jede weitere Trainingseinheit und fördert eine starke Bindung zwischen Ihnen und Ihrem vierbeinigen Freund. Wann immer Sie Ihren Welpen rufen und er freudig reagiert, stärkt dies nicht nur eure Verbindung, sondern ebnet auch den Weg für eine erfolgreiche Erziehung, in der klare Kommunikation und Vertrauen im Mittelpunkt stehen.

Notizen

Trainingziel: Rückruf

1. Name etablieren
Verwenden Sie den Namen Ihres Welpen regelmäßig, besonders beim Spielen und Füttern. Dadurch wird der Name mit positiven Erfahrungen verknüpft.

2. Positive Verstärkung
Nutze hochwertige Belohnungen wie Leckerlis oder Spielzeug, die dein Welpe besonders mag.

3. Erste Übungen
Beginne in einer ruhigen Umgebung ohne Ablenkungen. Rufe den Namen deines Welpen und belohne ihn, wenn er dich anschaut und/oder kommt.

4. Distanz erhöhen
Steigern Sie allmählich die Distanz zwischen Ihnen und dem Welpen. Rufen Sie ihn weiterhin mit seinem Namen und belohne ihn großzügig.

5. Ablenkungen hinzufügen
Fügen Sie nach und nach Ablenkungen hinzu, z.B. andere Hunde oder Menschen. Übe den Rückruf in verschiedenen Situationen.

6. Konsequenz
Seien Sie konsequent mit Ihren Kommandos und Belohnungen. Belohnen Sie Ihren Welpen jedes Mal, wenn er zuverlässig kommt.

Trainingziel: Rückruf

7. Nicht schimpfen

Vermeiden Sie es, den Welpen zu bestrafen, wenn er nicht sofort kommt. Dies kann den Rückruf und die Bindung negativ beeinflussen.

8. Regelmäßiges Training

Üben Sie den Rückruf regelmäßig, auch wenn Ihr Welpe bereits zuverlässig kommt. Das hilft, die Fähigkeit aufrechtzuerhalten.

9. Spaß und Spiel

Verbinden Sie den Rückruf mit positiven Erfahrungen, z.B. mit Spiel und Streicheleinheiten. Ihr Welpe sollte immer gerne zu Ihnen kommen.

10. Geduld haben

Jeder Welpe lernt in seinem eigenen Tempo. Haben Sie Geduld und erwarten nicht, dass der Rückruf sofort perfekt ist.

Die Wichtigkeit des Rückrufs

Ein zuverlässiger Rückruf ist für jeden Hund von großer Bedeutung. Er erleichtert das tägliche Zusammenleben und sorgt für die Sicherheit Ihres Vierbeiners. Ein gut trainierter Rückruf stärkt zudem die Bindung zwischen Ihnen und Ihrem Hund. Ihr Hund lernt, Ihnen zu vertrauen und dass das Zurückkommen zu Ihnen immer positive Konsequenzen hat, sei es in Form von Leckerlis, Spiel oder Streicheleinheiten.

Der Aufbau eines zuverlässigen Rückrufs erfordert Geduld und Training, aber die investierte Zeit und Mühe zahlen sich vielfach aus. Ein gut trainierter Rückruf schenkt Ihrem Hund die Freiheit, die Welt sicher zu erkunden, während Sie die Gewissheit haben, ihn jederzeit schützen und führen zu können.

Notizen

Trainingziel: Sitz

1. Die richtige Belohnung wählen

Bereiten Sie kleine, leckere Belohnungen vor, die Ihr Welpe mag. Dies können winzige Stücke von Hundefutter, Käse oder sogar spezielle Hundeleckerlis sein.

2. Die richtige Umgebung

Wählen Sie eine ruhige und ablenkungsfreie Umgebung für das Training. Sie möchtest die Aufmerksamkeit Ihres Welpen auf sich lenken können.

3. Locken

Halten Sie ein Leckerli in in Ihrer Hand und zeige es Ihrem Welpen. Lassen Sie ihn sehen und riechen, dass Sie eine Belohnung haben. Halte Sie das Leckerli dann über seinen Kopf und bewege es langsam über seinen Kopf nach hinten. Ihr Welpe wird es mit seinen Kopf verfolgen und seinen Hintern senken.

4. Das Kommando geben

Während Ihr Welpe in die "Sitz"-Position geht, sagen Sie das Wort "Sitz". Es ist wichtig, das Kommando zur richtigen Zeit zu geben, damit Ihr Welpe die Verbindung zwischen dem Wort und der Aktion herstellen kann.

5. Belohnen

Sobald Ihr Welpe in der Sitzposition ist und das Kommando "Sitz" gehört hat, belohnen Sie ihn sofort. Loben Sie ihn mit einer fröhlichen Stimme und dem Leckerli. Wiederholen Sie diesen Schritt einige Male.

Trainingziel: Sitz

Schritt 6. Kurz halten

Am Anfang wird Ihr Welpe wahrscheinlich nicht lange in der Sitzposition bleiben. Das ist in Ordnung. Halten Sie die Trainingseinheiten kurz und erhöhe die Dauer allmählich. Belohne und loben Sie ihn jedes mal, wenn er in der Sitzposition bleibt.

7. Wiederholen

Wiederholen Sie diese Übung regelmäßig, aber halte Sie die Trainingseinheiten kurz und positiv. Mit der Zeit wird Ihr Welpe lernen, auf das Kommando "Sitz" zu reagieren und in dieser Position zu bleiben.

Denken Sie daran, Geduld und positive Verstärkung sind der Schlüssel zum Training. Belohnen und loben Sie Ihren Welpen für sein gutes Verhalten, und er wird gerne lernen, auf dich zu hören.

Notizen

Trainingziel: Platz

1. Die richtige Belohnung wählen
Bereiten Sie kleine, leckere Belohnungen vor, die Ihr Welpe mag. Dies können winzige Stücke von Hundefutter, Käse oder spezielle Hundeleckerlis sein.

2. Die richtige Umgebung
Wählen Sie eine ruhige und ablenkungsfreie Umgebung für das Training. Sie möchtest die Aufmerksamkeit Ihres Welpen auf dich lenken können.

3. Die Sitzposition
Beginne Sie mit Ihrem Welpen in der Sitzposition. Dies ist eine natürliche Fortsetzung des Sitztrainings.

4. Das Kommando geben
Zeigen Sie Ihm das Leckerli, haltes Sie es vor seine Nase und sage das Wort "Platz" oder "Ab". Führe das Leckerli langsam zum Boden, so dass dein Welpe sich hinlegt, um es zu verfolgen.

5. Belohnen
Sobald Ihr Welpe sich hingelegt hat und das Kommando "Platz" oder "Ab" gehört hat, belohne ihn sofort. Loben Sie ihn mit einer fröhlichen Stimme und geben Sie ihm das Leckerli. Wiederholen Sie diesen Schritt einige male.

6. Kurz halten
Am Anfang wird Ihr Welpe vielleicht nicht lange in der liegenden Position bleiben. Das ist in Ordnung. Halten Sie die Trainingseinheiten kurz und erhöhen Sie die Dauer allmählich. Belohnen und loben Sie Ihren Welpen jedes Mal, wenn er in der liegenden Position bleibt.

Notizen

Trainingziel: Leine

Positive Assoziation mit der Leine:
Starten Sie, indem Sie Ihren Welpen während positiver Aktivitäten wie
Spielen oder Fressen an die Leine gewöhnst. Zeige dabei Zuneigung und
Streicheleinheiten.

Gehen bei lockerer Leine:
Beginnen Sie mit geraden Strecken, auf denen Sie und Ihr Welpe
nebeneinander gehen. Die Leine sollte locker sein. Belohnen Sie Ihren
Welpen, wenn er ohne Ziehen geht. Steht er, bleib ebenfalls stehen.

Richtungswechsel:
Wechseln Sie die Gehrichtung und überraschen Sie Ihren Welpen bei den
Spaziergängen. Verwenden Sie sowohl Halsband als auch Brustgeschirr, um
ihm zu zeigen, dass es auf sein Verhalten ankommt, nicht auf das
Hilfsmittel.

Konsequenz und Geduld:
Seien Sie konsequent und geduldig in Ihren Training. Sie führen Ihren
Hund und gewinnen damit sein Vertrauen, aber nur wenn wenn Sie klare
Entscheidungen treffen.

Üben in ablenkungsarmer Umgebung:
Starten Sie das Training in einer ruhigen Umgebung, um die volle
Aufmerksamkeit Ihres Welpen zu haben.

Tempo anpassen:
Passen Sie Ihr Tempo an, damit Sie nicht zu langsam für Ihren Welpen
sind, aber er dennoch sein Tempo drosselt.

Trainingziel: Leine

Anforderungen steigern:
Beginnen Sie mit kurzen Trainingseinheiten und erhöhen Sie allmählich die Schwierigkeit. Führen Sie ein akustisches Signal ein, wenn Ihr Welpe richtig geht.

Eigenes Belohnungssystem:
Nutzen Sie Belohnungen wie Leckerlis, Spielzeug oder erlauben Sie Ihm, an spannenden Orten zu schnuppern, wenn er richtig an der Leine geht.

Entspannung statt Angst:
Vermeiden Sie Angst und Gewalt im Training. Setzen Sie auf positive Körpersprache, Lob und Belohnungen. Trainingspausen mit Kuscheln sind eine immer eine gute Möglichkeit die Bindung zu fördern.

Warum Hunde an der Leine ziehen?

Sehnsucht nach Zuhause
Manche Hunde ziehen auf dem Heimweg. Passe den Spaziergang an, um dieses Bedürfnis zu verringern.

Freude auf den Spaziergang
Einige Hunde sind so aufgeregt, dass sie bereits an der Haustür ziehen. Trainiere gemeinsam, um diese Aufregung zu bewältigen.

Zu viel Ablenkung
Junge Hunde können überfordert sein und ziehen deshalb. Suche ruhige Orte für das Training und passe es den Bedürfnissen deines Welpen an.

Notizen

Trainingziel: Stubenreinheit

1. Zeige den richtigen Ort
Zeigen Sie Ihm den Ort im Freien, wo er sich lösen soll.
Wählen Sie immer denselben Ort, um Konsistenz zu gewährleisten.

2. Erkenne die Anzeichen
Beachten Sie unruhiges Verhalten oder Nasenschnüffeln.
Bringen Sie ihn nach draußen, wenn diese Anzeichen auftreten.

3. Lobe und verknüpfe
Loben Sie Ihren Welpen für das Lösen im Freien.
Verwenden Sie ein Signal wie z.B. "Mach Pipi!".

4. Übe regelmäßig
Üben Sie das Lösen im Freien mit Ihrem Welpen.
Bestrafen Sie auf keinen Fall Missgeschicke.

5. Bleibe draußen
Bleiben Sie eine Weile draußen, nachdem er sich gelöst hat.
Verhindern Sie, dass Ihr Welpe draußen nichts macht, um länger draußen zu bleiben.

6. Timing ist wichtig
Bringen Sie nach dem Schlafen, Essen, Spielen und vor dem Schlafengehen nach draußen.
Halte Sie sich an diese Routine, um nächtliche Unfälle zu minimieren.

Keine Strafen für Welpenmissgeschicke!
Ihr kleiner Freund weiß nicht, dass das Geschäft in der Wohnung nicht erwünscht ist, und noch wichtiger, er vergisst es in wenigen Minuten. Strafe ist daher nicht nur nutzlos, sondern auch kontraproduktiv. Bleiben Sie geduldig und unterstützen Sie Ihren Welpen auf seinem Weg zur Stubenreinheit in dem du auf die Zeichen Ihres Welpen achten.

Notizen

Trainingziel: Sozial

Das Training zur Sozialisierung Ihres Welpen sollte behutsam und positiv gestaltet werden, um sicherzustellen, dass er positive Erfahrungen mit verschiedenen Menschen, Tieren und Umgebungen macht.

Früher Beginn:
Der Züchter hat den Grundstein der Sozialisierung idealerweise bereits in den ersten Lebenswochen Ihres Welpen gelegt. Sobald Sie Ihren Welpen zu sich nehmen beginnt die Sozialisierung bei Ihnen.

Positive Begegnungen:
Planen Sie Begegnungen mit verschiedenen Menschen ein, darunter Männer, Frauen, Kinder und Personen unterschiedlichen Alters und Aussehens. Stellen Sie sicher, dass diese Begegnungen positiv sind und von freundlichen Interaktionen geprägt sind.

Artgenossen kennenlernen:
Lassen Sie Ihren Welpen andere gut sozialisierte Hunde treffen. Spiele und Interaktionen mit Artgenossen sind wichtig für die Entwicklung sozialer Fähigkeiten.

Verschiedene Umgebungen:
Führes Sie Ihren Welpen schrittweise an verschiedene Umgebungen heran. Beginnen Sie in ruhigen, kontrollierten Bereichen und steigern Sie allmählich die Vielfalt der Orte, die er besucht. Dies kann Parks, Gehwege, Einkaufszentren und andere öffentliche Plätze umfassen.

Positive Verstärkung:
Belohnen Sie ihn während der Sozialisierung mit Lob, Leckerlis und Spielzeug, um positive Assoziationen zu schaffen.

Langsame Steigerung:
Gehen Sie behutsam vor und zwinges Sie Ihren Welpen nicht zu
Begegnungen oder Situationen, bei denen er sich unwohl fühlt. Achte auf
seine Reaktionen und passes Sie das Training an seine Bedürfnisse an.

Kontinuität:
Die Sozialisierung ist ein kontinuierlicher Prozess. Planen Sie regelmäßige
soziale Aktivitäten in den Alltag Ihres Welpen ein, um sicherzustellen, dass
er ständig neue Erfahrungen sammelt.

Tierarztbesuche:
Machen Sie regelmäßige Besuche beim Tierarzt zu positiven Erfahrungen,
indem Sie ihn in die Praxis mitnimmst, auch wenn kein Termin ansteht.
Dies hilft, die Angst vor Tierarztbesuchen zu reduzieren.

Kinder und andere Haustiere:
Wenn Sie Kinder und Haustiere haben, gewöhnen Sie Ihren Welpen
behutsam an ihre Anwesenheit und Interaktion. Beaufsichtigen Sie diese
Begegnungen immer und sorgen Sie für eine positive Atmosphäre.

Geduld:
Haben Sie Geduld mit ihm und zwinge Sie ihn zu nichts. Jeder Hund hat
sein eigenes Tempo, und es ist wichtig, dass er sich in seinem eigenen
Tempo entwickeln kann.

Die Sozialisierung sollte ein kontinuierlicher und positiver Prozess sein, der
dazu beiträgt, deinen Welpen zu einem freundlichen, selbstbewussten und
gut angepassten erwachsenen Hund zu machen.

Notizen

Trainingziel: Beisshemmung

1. Grundlagen legen

Wenn Ihr Welpe beißt oder schnappt, mache ein schmerzhaftes Geräusch
wie ein "Au" jaulen.
Stoppen Sie sofort das Spiel oder die Interaktion.
Ignorieren Sie Ihren Welpen für etwa 10-20 Sekunden.
Setze das Spiel oder die Interaktion fort, wenn Ihr Welpe sanfter ist. Lobe
und belohnen Sie ihn für ein gutes Verhalten.

2. Beißhemmung festigen

Setzen Sie das Training fort, aber seien Sie konsequenter beim
Unterbrechen von zu starkem Beißen.
Verwenden Sie Begriffe wie "sanft" oder "vorsichtig", während Sie spielen,
um Ihrem Welpen beizubringen, was du Sie von ihm erwarten.
Lobe und belohnen Sie ihn, wenn er sanft spielt oder vorsichtiger wird.

3. Praxis in verschiedenen Situationen

Üben Sie die Beißhemmung in verschiedenen Umgebungen und mit
verschiedenen Menschen, damit er das Verhalten generalisiert.
Ermutigen Sie Freunde und Familienmitglieder, das Training ebenfalls
durchzuführen.
Achten Sie darauf, dass das Spiel nie zu wild wird, um zu verhindern, dass
die Beißhemmung nachlässt.

4. Alltagssituationen einbeziehen

Integriere Sie das Beißhemmungstraining in den Alltag, z.B. während des
Fellpflege, Tierarztbesuche und Futternapfzeiten.
Belohne und loben ihn für gutes Verhalten in diesen Situationen.

Denken Sie daran, dass jeder Welpe unterschiedlich ist, und das Training
kann mehr oder weniger Zeit in Anspruch nehmen. Geduld, Konsequenz
und positive Verstärkung sind der Schlüssel zum Erfolg.

Notizen

Trainingziel: Spielen & Beißen

Förderung des Spielverhaltens:
Bieten Sie Ihrem Welpen eine Vielzahl von sicheren Spielzeugen in
verschiedenen Texturen, Formen und Größen an. Zeigen Sieh ihm, wie man
spielt, indem Sie selbst mit ihm interagieren. Dies kann das Werfen von
Bällen, das Ziehen von Seilen oder das Verwenden von interaktiven
Spielzeugen sein.

Unterbrechung bei zu starkem Beißen:
Wenn Ihr Welpe beim Spielen zu fest beißt, unterbrechen Sie das Spiel
sofort. Sage Sie ein deutliches "Nein" oder "Au", um das unerwünschte
Verhalten zu kennzeichnen. Ignoriere Sie ihn dann für etwa 10-20
Sekunden, um ihm zu zeigen, dass das Beißen das Spiel beendet.

Positive Verstärkung des richtigen Verhaltens:
Belohne Sie Ihren Welpen, wenn er angemessen spielt und sanft mit Ihnen
umgeht. Lob und Leckerlis sind wirksame Belohnungen. Verstärke dieses
Verhalten, indem Sie während des Spiels positives Feedback gibst.

Konsequente Anwendung:
Seien Sie konsequent in Ihrem Ansatz. Wiederholen Sie die Unterbrechung
und jedes Mal, wenn Ihr Welpe zu fest beißt. Mit der Zeit wird er lernen,
dass zu festes Beißen das Spiel beendet, während sanftes Spielen belohnt
wird.

Zeigen von Alternativen:
Bieten Sie Ihren Welpen beißbare Spielzeuge an, die er kauen kann, um
sein Kauverhalten zu befriedigen. Dies kann helfen, seine Zähne zu pflegen
und das Beißen an unerwünschten Gegenständen zu verhindern.

Spielpausen einplanen:
Spiele sollten nicht zu lange dauern. Plane kurze Spielsitzungen ein und lasse Sie Ihren Welpen nach jeder Sitzung ausruhen. Dies hilft, Übermüdung und übermäßiges Beißen zu vermeiden.

Sozialisation mit anderen Hunden:
Lassen Sie Ihren Welpen auch mit anderen gut sozialisierten Hunden spielen. Hunde kommunizieren untereinander und lehren sich gegenseitig Spiel- und Beißenregeln. Achte jedoch darauf, dass die Spielkameraden sicher und freundlich sind.

Geduld und Zeit:
Das Einhalten von Spiel- und Beißenregeln erfordert Geduld und Zeit. Seien Sie geduldig und konsistent in deinem Training, und ermutige angemessenes Verhalten bei Ihrem Welpen.

Konsultation eines Hundetrainers:
Wenn Sie Schwierigkeiten beim Einhalten von Spiel- und Beißenregeln haben, ziehe Sie die Hilfe eines professionellen Hundetrainers in Betracht. Sie können maßgeschneiderte Ratschläge und Übungen bieten.

Durch konsequentes Training und klare Erwartungen wird dein Welpe lernen, angemessen zu spielen und nicht zu fest zu beißen.

Notizen

Trainingziel: Alleine bleiben

1. Vorbereitung
Schaffen Sie eine sichere Umgebung.

2. Kurze Abwesenheiten üben
Verlassen Sie den Raum/Zuhause für wenige Sekunden.
Kehren Sie schnell zurück und belohnen Sie.

3. Dauer erhöhen
Verlängern Sie die Abwesenheit allmählich.
Bleiben Sie ruhig.

4. Unvorhersehbare Abwesenheiten üben
Variieren Sie Abwesenheitszeiten.
Gewöhnen Sie Ihren Hund an unterschiedliche Zeiträume.

5. Das Alleine-Bleiben ausbauen
Dehnen Sie das Alleine-Bleiben auf verschiedene Orte im Haus aus.
Beginnen Sie mit kurzen Besorgungen.

6. Positive Verknüpfung schaffen
Belohnen Sie ruhiges Verhalten bei Abwesenheit.
Verwenden Sie Belohnungen wie Leckerlis und Lob.

7. Routine und Geduld
Schaffen Sie eine feste Routine.
Seien Sie geduldig.

9. Professionelle Hilfe (bei Bedarf)
Nutzen Sie bei Bedarf eine Überwachungskamera.
Konsultieren Sie einen Hundetrainer bei Problemen.

Geduld und Konsistenz sind entscheidend, da jeder Hund unterschiedlich ist. Bleiben Sie ruhig und positiv während des Trainings

Notizen

16. Checkliste

10 Dingen, die Ihr Welpe in den ersten 20 Wochen lernen sollte:

1. Name erkennen:
Der Welpe sollte auf seinen Namen reagieren und wissen, dass er gemeint ist.

2. Rückruf:
Der Welpe sollte lernen, auf das "Hier" oder "Komm" Kommando zu reagieren und zu Ihnen zurückzukehren.

3. Sitz:
Der Welpe sollte das Kommando "Sitz" lernen und in dieser Position bleiben können.

4. Platz:
Der Welpe sollte das Kommando "Platz" oder "Ab" lernen und sich hinlegen können.

5. Bleib:
Der Welpe sollte lernen, auf das "Bleib" Kommando ruhig und an Ort und Stelle zu bleiben.

6. Leinenführigkeit:
Der Welpe sollte lernen, an der Leine zu gehen, ohne zu ziehen.

7. Stubenreinheit:
Der Welpe sollte lernen, draußen sein Geschäft zu erledigen und Signale dafür zu verstehen.

8. Sozialisierung:
Der Welpe sollte verschiedene Menschen, Tiere und Umgebungen kennenlernen.

9. Spiel- und Beißenregeln:
Der Welpe sollte lernen, angemessen zu spielen und nicht zu fest zu beißen.

10. Alleine bleiben:
Der Welpe sollte schrittweise lernen, alleine zu bleiben, ohne Angst oder Stress zu haben.

17. Hundetrainer

§11-Hundetrainer
Qualität und Transparenz für Hundehalter

Wenn Sie einen Hundetrainer suchen, achten Sie auf den §11 des Tierschutzgesetzes. Dieser Paragraph stellt sicher, dass Hundetrainer gewisse Qualitäts- und Tierschutzstandards erfüllen.

Qualität und Sicherheit:
Ein §11-Hundetrainer erzieht Hunde tierschutzgerecht und ohne Gewalt. Das schützt Ihr Tier und sorgt für mehr Sicherheit.

Qualifikation und Transparenz:
Sie können von einem qualifizierten Hundetrainer erwarten, dass er seine Fachkenntnisse nachweisen kann und offen über seine Methoden spricht.

Vertrauen und Empfehlungen:
Vertrauen Sie Ihrem Bauchgefühl und Empfehlungen von anderen Hundehaltern.

Aktive Beteiligung:
Wichtig ist, dass Sie als Hundehalter aktiv am Trainingsprozess teilnehmen. Hinterfragen Sie immer die gegebenen Ratschläge, stellen Sie Fragen und kommunizieren Sie Ihre Bedenken. Sie sind der Kunde und haben das Recht, Ihre Vorstellungen und Grenzen klar zu kommunizieren. Ein guter Hundetrainer wird auf Ihre Anliegen eingehen und gemeinsam mit Ihnen an der besten Lösung arbeiten.

18. Schlusswort

Im Laufe dieser Reise durch die Welt der Hundeerziehung und -pflege haben wir zahlreiche Facetten dieses besonderen Zusammenlebens erkundet. Wir haben gelernt, wie man die Grundlagen des Gehorsams legt, wie man die Bedürfnisse eines Hundes versteht und erfüllt, wie man ihn gesund und glücklich hält und wie man eine starke und vertrauensvolle Bindung aufbaut.

Die Beziehung zwischen Mensch und Hund ist eine der erfüllendsten und tiefsten Verbindungen, die wir in unserem Leben eingehen können. Sie beruht auf Liebe, Respekt, Verständnis und Geduld. Sie bringt Freude, Lachen, manchmal auch Tränen, aber vor allem eine unglaubliche Bereicherung für unser Leben.

Dieses Buch sollte nicht das Ende, sondern eher den Anfang Ihrer eigenen Reise darstellen. Ihre Reise mit Ihrem vierbeinigen Freund wird fortgesetzt, mit weiteren Abenteuern, Herausforderungen und wunderbaren Momenten. Denken Sie daran, dass kein Hund perfekt ist, aber sie sind alle perfekt für uns, genau so, wie wir sind.

Halten Sie an den Prinzipien fest, die Sie hier kennengelernt haben: Liebe, Geduld, Konsequenz und Verständnis. Bleiben Sie neugierig, lernen Sie immer dazu und genießen Sie jede Minute, die Sie mit Ihrem pelzigen Begleiter teilen.

Möge Ihre Reise von Glück, Harmonie und unzähligen Schwanzwedeln begleitet sein. Danke, dass Sie dieses Buch gelesen haben, und alles Gute für Sie und Ihren Hund auf Ihrer gemeinsamen Reise!

Printed in Great Britain
by Amazon